AF359269

Arras

et

Paul Verlaine

Hors Commerce

Tirage à 25 exemplaires

sur papier ancien

pour les amis de l'auteur

N° 24

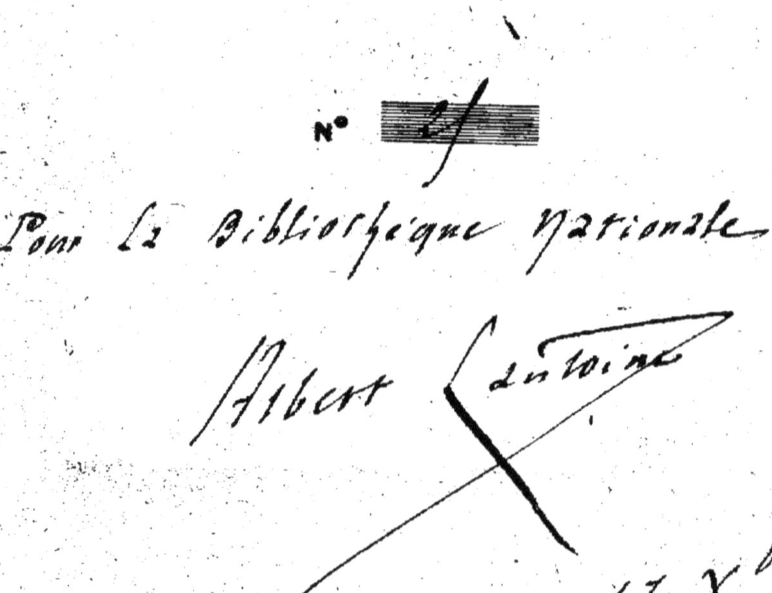

ALBERT LANTOINE

ARRAS

ET

PAUL VERLAINE

PARIS

FERDINAND BARBE, ÉDITEUR

MCXCXIX

Arras

et

Paul Verlaine

Paris-Arras!

Enfin on peut aller de Paris à Arras ! On y va comme à un pélerinage.

Dirais-je que la réclame faite aux villes martyres par d'astucieux entrepreneurs de voyages me choque un peu ? Cette visite aux pierres blessées me semble indécente comme une entrée tumultueuse dans un hôpital.

Peut-être ai-je tort ? Ces pélerins, quoique peu recueillis, ont quelque tenue, et la curiosité qui les conduit à travers les champs de bataille n'est pas forcément malsaine... N'importe! Je ne puis me défendre contre un certain malaise et ces regards sur ces ruines me semblent trop indifférents.

Pas assez déférents serait plus juste. C'est mon cœur d'arrageois qui s'est réveillé, certainement ; j'éprouve le sentiment d'un amoureux qui voudrait voir l'objet de sa dilection apprécié par tous ceux qui le regardent. Cette ville où je suis né, je ne l'avais pas revue depuis vingt-cinq ans : je n'y compte plus de parents ; quelques amis chers de mon adolescence y sont demeurés... mais un arrageois vient plus facilement à Paris qu'un parisien ne va à Arras, si aucune affaire ne l'y appelle. Si pourtant... je l'avais revue cette vieille cité aux joies un peu libres, avec ses rues étroites et paisibles et son collège familial où des maîtres admirablement intentionnés perfectionnèrent en moi le goût des belles-lettres (alors que m'accablait le mépris, hélas ! mérité, des professeurs de physique et de mathématiques), je l'avais revue.... au cinématographe, durant la guerre. C'avait été en moi comme le réveil d'une ancienne affection.

La vie m'avait éloigné d'Arras ; j'étais tellement pris par Paris que je n'y pensais plus guère et voilà que la vue de ses maisons en ruines, de ses merveilles architecturales effondrées, de toute cette dévastation qui la laissait mutilée, me remuait profondément, faisait de moi un spectateur tremblant d'émotion.

Et je suis revenu vers Elle, non comme un curieux, mais (et Verlaine aurait approuvé cette expression) comme un pécheur repentant.

*
* *

Oui ! Verlaine aurait approuvé cette expression, non point seulement en raison de son parfum religieux, mais aussi parce qu'elle m'était suggérée par Arras. Il aimait cette ville, et il m'en donnait les raisons dans une lettre — demeurée inédite — qu'il m'écrivit en 1890 de l'hôpital Broussais où un docteur ami le faisait admettre aux heures de dénuement et de souffrance. En voici le passage le plus suggestif — et si intéressant d'autre part au point de vue documentaire :

« Ma famille maternelle est d'Arras et des environs. Ma mère était une Dehée, un nom qui ne doit pas vous être inconnu, de même que le vôtre ne me l'est pas depuis longtemps. J'allais, enfant, chez des parents à deux lieues d'Arras et environs, Fampoux, Rœux, Plouvain, et dans le Nord, Lécluse, Douai. Dans les dernières années, de 1875 à 85, ma mère était revenue à Arras et j'allais la voir souvent. Je connais donc à merveille la bonne vieille cité arrageoise, sa bière, son beffroi et ses casernes. Mon père, capitaine au 1ᵉʳ et au 2ᵉ du génie y avait tenu garnison maintes fois, du temps où les régiments voyageaient beaucoup. J'aime bien ce pays de la Scarpe, son paysage qu'il faut chercher mais qu'on trouve, ses habitudes patriarcales et jusqu'à son patois. »

Ailleurs il me parle de son article *Vieille Ville* que la revue *Art et Critique* venait de faire paraître :

« Je vais réimprimer — disait-il — ce fragment dans un volume qui paraitra au printemps. Si quelque observation, quelque rectification devait y être faite, je vous serais bien obligé de m'en écrire. »

⁎
⁎ *⁎*

Cette *Vieille Ville*, à laquelle Verlaine avait consacré de très longues lignes... c'était Arras. Il faut relire dans *Art et Critique,* (périodique depuis longtemps décédé, et que dirigeait M. Jean Jullien) ce dithyrambe à la louange de notre ville. Il l'avait intitulé *Fragment d'un livre perdu*. Est-ce parce que Arras lui avait inspiré de plus nombreuses pages encore... un volume tout entier ? Je l'ignore, mais les pages qui nous ont été heureusement conservées sont du plus grand intérêt, je dirais même d'un intérêt plus poignant, aujourd'hui que la plupart des monuments dont il fait mention ont été frappés ou abattus.

Le début est tout de grâce, de cette grâce naïve et franche qui par ailleurs particularise son génie poétique, une grâce qu'il avait dans la vie pour les êtres et pour les choses qu'il aimait :

C'est une ville de province bien reculée, presque inconnue, même des artistes, même des curieux, par ce temps qui se donne pour amoureux de pittoresque et d'inédit, Arras, pour nommer la pauvrette par son nom, qui fut illustre et dont rien, je vous assure, n'a fait démentir la gloire archéologique tout au moins.

Arras m'est chère pour mille motifs liens de famille, le calme et la suprême beanté de son ensemble. J'y séjourne souvent, bien que je n'y réside pas et je connais à fond la ville, les habitudes et les habitants.

Vingt-sept ou vingt-huit mille âmes sur un périmètre assez restreint donnent à la ville une gaieté douce et bon enfant que le caractère flegmatique et le parler gras (là-bas on prononcerait *gueras*) des citadins et des contadins immédiats maintiennent dans un demi bruit très plaisant. Aux seuls jours de marché, trois par semaine, cette sourdine se hausse un peu vers le matin et sur le soir.

Voilà un croquis en raccourci qui ne manque pas d'exactitude, pour qui a été enfant, se promener près du Crinchon, pour qui a « fait le tour des remparts. »

Suivons Verlaine dans Arras devant les portes de la ville, par lesquelles passent les « ânières » que secouent rudement leurs montures surchargées de verdure, à leurs deux flancs. Quelques-unes, vieilles commères ou femmes mûres, arborent à leurs dents la courte pipe noire au « toupet » traditionnel.

C'est là un détail qui l'a frappé, que celui des vieillardes des villages voisins — d'Achicourt surtout — arrivant le samedi, montées sur leurs ânes et fumant la pipe. Il dit vrai : « une courte pipe noire » qui, mal prise dans leurs bouches édentées, se tenait souvent la tête en bas. Je les rencontrais quelquefois, lorsque tout gamin, je gagnais le collège et ce n'est que plus tard que j'ai compris leur singularité.

Il y a de cela une quarantaine d'années, à peu près, les coutumes changeaient peu et nous en étions nous-mêmes tellement imprégnés que nous ne songions pas à nous étonner.

« Les baudets d'Achicourt » et « les carottes d'Achicourt » nous semblaient avoir existé de toute éternité. N'avions-nous pas un peu raison ? Pour reprendre Arras aux Espagnols et connaître auparavant « le fort et le faible » de la ville, l'espion (qui devait devenir le maréchal Fabert) avait pénétré dans la place, déguisé en paysan et portant sur le dos « un sac de carottes d'Achicourt ». C'est un historien honnête-homme au sens parfait du mot — C. Le Gentil — qui dans son livre *Le vieil Arras* raconte l'anecdote, et il ajoute que Louis XIII montra à la Cour le porteur de carottes en disant « sans ce brave homme je ne serais pas maître d'Arras. »

Comme quoi Achicourt a participé à la reprise d'Arras !

Donc nous allumions nos cigarettes — clandestines — au « toupet » des pipes des ânières plus ou moins obligeantes, sans nous émouvoir autrement ; mais Verlaine, venu d'ailleurs, avait observé en curieux cette arrivée au marché d'Arras des marchandes de légumes et dans son livre *Dédicaces* se trouve un sonnet à Irénée Decroix où il les immortalise :

Où sont les nuits de grands chemins aux chants
        [bachiques
Dans les Nords noirs et dans les verts Pas deCalais?
Et les canaux périculeux vers les Belgiques
Où, gris. on chavirait en hurlant des couplets ?

Car on riait dans ces temps-là Tuiles et briques
Poudroyaient par la plaine en hameaux assez
        [laids ;
Les fourbouyères. leurs pipes et leurs bourriques
Dévalaient sur Arras, la ville aux toits follets.

Poignardant, espagnols, ces ciels épais de Flandre
Douai brandissait de son côté, pour s'en défendre,
Son lourd beffroi carré, si léger cependant ;
Lille et sa bière et ses moulins à vent sans nombre
Bruissaient. — Oui, qui me rendra, cher ami,
        [l'ombre
Des bonnes nuits, et les beaux jours au rire ardent?

Verlaine qui a tout examiné avec l'attention précise d'un amateur d'art, a même noté la maison qui sur la Grand'Place « y fait disparate » — maison qui appartient actuellement à un mien ami, musicien de talent apprécié, M. Alix Baccuéz. Il dit qu'elle constitue « une exquise relique du *Moyen-Age* », je crois qu'il se trompe, car Verlaine se trompe quelquefois.

Ainsi on remarquera dans le sonnet que je viens de citer, l'allusion qu'il fait aux toits « espagnols » d'Arras ; dans *Vieille Ville* il commet la même erreur en parlant de la Petite Place et de la Grande Place « dont les maisons *espagnoles* du commencement du XVIe siècle alignent leurs pignons et leurs arcades dans un ordre parfait. »

Or, toutes ces maisons sont de plus pure architecture flamande, et si je ne l'appris pas à Paul Verlaine lorsqu'il me fit l'honneur de solliciter mes observations sur son travail, c'est que moi aussi, comme la majeure partie des habitants d'Arras, je l'ignorais. C'est une légende qui court là-bas et depuis des âges ; j'avais toujours entendu parler des maisons espagnoles de la Grande Place et de la Petite Place et Verlaine, comme moi, avait obéi à la croyance populaire, sans en contrôler le bien-fondé.

Les hasards des traités, si nombreux à ces époques lointaines où les pays constituaient des biens de famille qui changeaient de maîtres par le jeu des alliances, avaient fait Philippe le Beau, Comte d'Artois ; et le Comté était ensuite passé à son fils Charles d'Autriche, devenu plus tard Charles-Quint. Bref, de cette domination espagnole qui dura environ un siècle et demi, de 1492 à 1640, il ne semble pas qu'il soit resté, ni dans les mœurs des habitants ni dans l'architecture des traces bien appréciables. Je n'ignore pas que l'on attribue à la survivance de cette ancestralité le type de certains bruns très accusés mélés à la blondeur flamande. Peut-être y a-t-il quelque vérité dans cette supposition, quoique dans une ville (et c'est surtout dans Arras que ce type brun se rencontre et non — ou sinon très rarement — à la campagne) où au cours des années vinrent forcément s'établir des familles d'autres contrées, il peut être d'origine aussi bien française qu'étrangère.

Je crois qu'il ne faut pas prêter une importance trop grande aux « dominations » de jadis et ne les point considérer avec notre optique d'aujourd'hui. Je vais probablement me faire bafouer par des historiens prêtant aux textes une importance exagérée, mais lorsqu'une région passait ainsi aux mains d'un autre prince, ce dernier, qui ne pouvait encore avoir la conception de nationalité que nous avons aujourd'hui, ne songeait guère à en changer les habitants. Ceux-ci généralement devenaient ses sujets, disposés à une fidélité aussi soumise que celle qu'ils témoignaient à leur ancien maître.

Il y avait alors de par l'Europe des villes qui étaient placées — par la force ou par les

unions — sous la suzeraineté de rois étran-
gers et où ceux-ci ne jugeaient point utile
d'envoyer leurs compatriotes pour en modi-
fier la mentalité. C'est même à tort que j'em-
ploie ici le mot « compatriotes », parce que,
de même que la soldatesque allait facilement
prendre du service partout où on consentait
à l'employer, les peuples n'étaient point encore familiarisés avec l'idée de « nation ». Ces
occupations étaient surtout administratives,
et j'estime qu'il ne faudrait pas prêter une
lignée trop persistante aux quelques rares
fonctionnaires ou hommes de troupe qui
maintinrent à Arras la domination espagnole.

* * *

Voilà une glose bien longue à propos de
l'ignorance en matière architecturale de Verlaine. Ignorance ! Le mot est gros et in-
juste, parce que lorsque Verlaine s'étend sur
les églises d'Arras — et il s'y étend longue-
ment et complaisamment — il a pour décrire
leurs beautés des épithètes souvent louan-
geuses et toujours exactes. Il est admirablement renseigné non seulement sur le pré-
sent, mais sur le passé des « treize églises
paroissiales qui dressaient avant la révolu-
tion leurs graves et délicates architectures
du sein dentelé de la cité », et dont une seule,
Saint-Jean Baptiste, est restée, vestige inté-

ressant du XVᵉ siècle, très richement et
savamment restaurée il y a quelques années.
Sa piété semble le diriger, et il passe en
revue les chapelles et les églises comme un
dévot inspiré par sa foi. Il n'en oublie aucune,
depuis ce merveilleux spécimen de l'architecture monacale du XVIIIᵉ siècle qu'est l'Ab-
baye de Saint-Waast jusqu'aux chapelles des
Ursulines, du T.-S. Sacrement, des Chariot-
tes et même des Vieillards. Il raconte avec
un amour humilié toute l'histoire miracu-
leuse du Cierge d'où naquit Notre Dame des
Ardents., mais il a une dilection particulière
pour une église édifiée en 1866 dans les
« Basses Rues », par un architecte, que Verlaine qualifie à juste titre « d'architecte de
génie », M. Grigny. C'est l'Eglise Saint-Géry.
Tout jeune, j'habitais chez mes parents au-
près de cette église un peu triste dans son
cadre si paisible, si parfaitement « province »,
et ses cloches le matin brisèrent maintes fois
mon sommeil d'enfant. Or, ce qui, dans cette
église, avait le plus frappé Verlaine était un
grand crucifix de bois « merveille sauvée à
grand'peine du pillage des couvents en 1792 »,
il en admirait « la mesure dans l'originalité
profonde, l'inédit de ses lignes classiques, la
toute pénétrante douceur de sa sévérité, et la
scrupuleuse perfection des moindres détails ».
Ce Christ était resté chez Verlaine une obses-
sion ; il en parlait parfois, et avec une admi-

ration si profonde qu'un jour Germain Nouveau étant à Arras, en prit une copie et l'offrit à Verlaine. Celui-ci en fut si heureux qu'il écrivit le poème suivant — qui doit trouver sa place dans cette étude consacrée à Arras :

UN CRUCIFIX

Eglise Saint Géry, Arras

Au bout du bas côté de l'église gothique,
Contre le mur que vient baiser le jour mystique
D'un long vitrail d'azur et d'or finement roux,
Le Crucifix se dresse, ineffablement doux,
Sur la croix peinte en vert aux arêtes dorées,
Et la gloire d'or sombre en langues échancrées
Flue autour de la tête et des bras étendus,
Tels quatre vols de flamme en un seul confondus.
La statue est en bois, de grandeur naturelle,
Légèrement teintée et l'on croirait sur elle
Voir s'arrêter la vie à l'instant qu'on la voit.
Merveille d'art pieux, celui qui la fit doit
N'avoir fait qu'elle et s'être éteint dans la victoire
D'être un bon ouvrier trois fois sûr de sa gloire.
« Voilà l'homme ! » Robuste et délicat pourtant,
C'est bien le corps qu'il faut pour avoir souffert
[tant,

Et c'est bien la poitrine où bat le cœur immense
Par les lèvres le souffle expirant dit « Clémence »
Tant l'artiste les a disjointes saintement,
Et les bras grands ouverts prouvent le Dieu clément
La couronne d'épine est énorme et cruelle
Sur le front inclinant sa pâleur fraternelle
Vers l'ignorance humaine et l'erreur du pêcheur;

Tandis que, pour noyer le scrupule empêcheur
D'aimer et d'espérer comme la Foi l'enseigne,
Les pieds saignent, les mains saignent, le côté saigne;
On sent qu'il s'offre au Père en toute charité,
Ce vrai Christ catholique éperdu de bonté,
Pour spécialement sauver vos âmes tristes,
Pharisiens naïfs, sincères jansénistes !
— Un ami qui passait, bon peintre et bon chrétien
Et bon poète aussi — les trois s'accordent bien —
Vit cette œuvre sublime, en fit une copie
Exquise, et surprenant mon regard qui l'épie,
Très gracieusement chez moi vint l'oublier.
Et j'ai rimé ces vers pour le remercier.

Août 1880.

**

Paul Verlaine n'avait pas, comme la plupart des Français, attendu que les Allemands donnent à Arras une douloureuse célébrité pour en goûter les beautés. Son jugement sur l'Hôtel de Ville mérite d'être retenu :

« L'Hôtel de Ville d'Arras est sans contredit le plus considérable et le plus splendide de tous ceux du Nord de la France, je pourrais ajouter de la France entière, en tant que relique de l'ultime moyen-âge municipal, car que sont les hôtels de ville de Paris, Lyon, Reims, sinon des fantaisies royales des temps de la royauté hors de pages et absolue, — appartenant, ceux-ci à la Renaissance, les autres aux siècles subséquents, sans carac-

**tère primitif ni puissance quelcon-
que d'impression historique. »**

Il analyse toutes ses parties, déplore certaines restaurations, loue par contre « des
choses exquises dans la partie neuve », s'ex-
tasie devant l'antique « façade principale et
ses hautes fenêtres ogivales hardiment cam-
pées sur sept arcades, et ses vingt-trois croi-
sillons rouges à girouettes d'or de son énorme mais si gracieuse toiture. »

Et enfin, il arrive au Beffroi !

**« Un prodigieux beffroi, paradoxalement
mince, fuselé de mille caprices, dresse jusqu'aux
nuages, un peu à droite du corps de la façade en
vertu de cette irrégularité qu'observera tout
architecte visant au grand, sa masse colossale et
légère. Le prestige de l'unique et la puissance
de l'unité allongent encore, en même temps
qu'elles l'amplifient au second coup d'œil, cette
tour forte et charmante, emblême et orgueil de
la cité. »**

Le beffroi ! le beffroi, « emblême et orgueil
de la cité. » Et combien le poète a raison ! Et ici
je veux placer une anecdote tragique qui me
fut rapportée par un excellent ami, esprit de
haute culture, arrageois demeuré obstinément
fidèle au clocher natal — même pendant
le bombardement — : M. Georges Waterlot.

On sait que pendant la chute des obus, les
quelques rares habitants restés là-bas s'abri-

taient dans les caves. Or écoutez ce fragment de lettre de mon ami, lettre qui fut écrite en 1915 dans un moment pathétique pour cette ville, et pour la France :

« Quand le Beffroi « dont la couronne était fermée comme celle des princes » s'est écroulé lentement sur lui-même après avoir résisté à des centaines d'obus, plus de cent personnes, qui depuis des heures étaient terrorisées dans les caves, oubliant les obus et le danger, remontèrent sur la Place. Les uns criaient, insultaient ; quelques-uns agitaient leurs chapeaux. Presque tous pleuraient. »

Je suis persuadé que ce n'est pas parce que Arras m'est chère que je ne puis lire ces simples lignes sans être étranglé d'émotion. Il y a là un phénomène d'ordre noblement sentimental que cette guerre hélas ! nous permit de constater trop souvent. Le *Sunt lacrymæ rerum* du poète latin nous révéla sa signification profonde. Tous nous avons mêlé nos larmes aux larmes des pierres. Et j'ai perçu toute la puissance de ce sentiment lorsque devant le communiqué relatant les premiers obus sur la cathédrale de Reims (en octobre 1914 si mes souvenirs sont exacts) j'ai vu des hommes du peuple blémir et serrer les poings. Nous vivons avec indifférence parmi l'architecture de nos villes et les vieilles maisons et — comme lors de la perte soudaine de parents âgés — nous sentons tout-à-coup quelle part elles avaient dans notre vie. Tous ces murs gardaient l'écho des voix d'autrefois, « des voix chères qui se sont tues » pour employer encore une expression divine de Verlaine ; ils sont comme l'âme pétrifiée du passé.

Un écrivain italien, rencontré l'autre soir et avec qui j'évoquais certaines heures lugubres des années mortes, prononça au cours de la conversation :

— Venise est tout de même sauvée !

Et ce mot était comme un soupir de soulagement, décelait l'angoisse de cet esprit de claire intellectualité ayant craint d'irréparables désastres. On dit : les vies humaines sont plus précieuses que n'importe quel monument. Nous le disons et nous ne le pensons pas. Analysez-vous, et vous constaterez que cet athée, que cet impie, que ce mécréant auraient sacrifié des divisions entières pour sauver une cathédrale ! Des habitants d'Arras, de ces bourgeois attachés à leurs villes comme des croyants à leur idole auraient donné leur vie pour préserver le beffroi si un tel sacrifice avait été possible. Et lorsque M. Georges Waterlot, après avoir relaté le fait lamentable, ajoute en parlant de ses concitoyens en pleurs devant le beffroi écroulé : « L'âme d'Arras, exhalée par ces ruines, était en eux », je sens qu'il exprime une vérité profonde, dont la profondeur échappe à la sécheresse d'un raisonnement.

Le Beffroi ! « Ch' Beffro et ch' guetteux ! ». Que de poètes ont chanté ces anciens beffrois des villes nordiques ! Je veux rappeler ici les vers prenants de M. Paul-Auguste Massy dans son livre *Choses de Frandre et d'Artois*.

Les Beffrois

Oh ! les beffrois ! les vieux beffrois d'aspect farou-
[che,
Joyaux évocateurs naïvement ouvrés,
Dont la légende autant que l'histoire nous touche,
Et que leur âge et leur beauté rendent sacrés !

Ils sont restés chez nous l'orgueil de la commune :
Là vibrait, comme y vibre encore, son cœur loyal
Là chantaient les espoirs, là grondaient sa rancune.
Et ses défis jetés au monde féodal.

Et les blocs de granit, dont on fit les assises
D'où vers le libre azur vont d'un jet s'élançant
Ces gardiens éternels des antiques franchises,
Furent liés et cimentés avec du sang.

Chaque pierre ajoutée à leurs fleurons étranges
Atteste les vouloirs des aïeux révoltés
Et clame les horreurs des humaines vendanges
Qui mirent tant de pourpre aux blasons des Cités.

Et toujours, portant haut et ferme ta bannière,
O Flandre des tocsins et des clairs carillons !
Superbes, face au vent qui fouette leur crinière,
Tu vois à leur sommet se dresser tes lions.

Et il n'est pas que des poètes comme M. Paul-Auguste Massy dont la jeunesse fut bercée par leurs carillons, mais d'autres aussi, nés sous des cieux plus éclatants, furent séduits par la grandeur et la poésie de leurs traditions. Voici la pièce — d'ailleurs dédiée à Paul Verlaine — que l'on peut lire dans le livre de vers de Pierre Dévoluy, *Bois ton Sang*. Dévoluy, nature sensitive, fut à Arras assez de temps pour en comprendre le charme spécial, et pourtant il était loin d'être des nôtres, puisqu'il devint... capoulié du Félibrige :

Le Beffroi

Enfin la brume a fui, le ciel d'Avril flambloie.
Le Beffroi dans l'azur porte sa flèche d'or
Et, par les matins clairs, sur la ville qui dort,
Egrène avec lenteur un carillon de joie.

Le Beffroi haut et svelte est un vieux combattant,
Gardien de la Cité depuis les jours antiques ;
Il ouvre aux quatre vents ses fenêtres gothiques,
A son faite un guetteur, comme autrefois, attend.

Jours de joie ou de deuil, sa campanile vibre,
On a planté sa flèche aux griffes d'un Lion,
Et son airain gronda pour la Rébellion
Pour la vieille Franchise et la Commune libre !

Si les Français en général ignorèrent Arras, cette ville intéressa néanmoins maints artistes et maints littérateurs.

Depuis Jules César cette antique cité a occupé l'histoire et si l'historien la rencontre souvent au cours des époques héroïques, forcément le romancier et le poète en firent parfois le paysage de leurs actions ou de leurs rêves. D'Artagnan parlant d'Arras dans ses *Mémoires* oblige Alexandre Dumas à la nommer dans *Les Trois Mousquetaires* où un de ses héros boit un verre de vin à l'auberge de la Herse d'Or.

Je voudrais qu'un érudit, amoureux de sa ville, recherchât, avec plus de précision et plus de soin que je n'en puis mettre ici, tous les passages des livres de littérature où Arras se trouve citée. Ce serait pour les curieux d'histoire locale un document du plus grand intérêt, depuis ce poème du XIIIe siècle que publia le savant M. Guesnon et qui s'appelle *La Bataille d'Enfer et de Paradis* (et l'Enfer c'est Arras et le Paradis : Paris !) jusqu'au *Sabbat de Mofflaines*, une nouvelle de Marcel Schwob ; depuis le *Congé* d'Adam de la Halle qu'il dut écrire vers 1250 jusqu'aux descriptions si picturales ds son homonyme à travers les âges : Paul Adam.

Rappelons les deux premières strophes du *Congé* de ce vieux poète lyrique Adam de la Halle ; elles sont fort instructives. Il avait à se plaindre de la ville, des dissensions bourgeoises l'en chassaient, mais on sent sous sa

rancune un tel regret de la « très douce vie »
qu'il y menait !

> *Arras ! Arras ! ville de luttes*
> *Et de haines et de querelles,*
> *Vous qui jadis étiez si noble,*
> *On va disant qu'on vous restaure.*
> *Mais si Dieu le bien n'y ramène*
> *Je ne vois qui la paix remette.*
> *On y aime trop croix et pile,*
> *Chacun en cette ville triche...*
> *Adieu, de fois plus de cent mille !*
> *Ailleurs vais ouïr l'évangile,*
> *Car ci ne fait-on que mentir.*
>
> *Bien qu'Arras on ait fourvoyé.*
> *Encor est-il resté des bons,*
> *De qui je veux prendre congé,*
> *Qui ont mené de grandes festes*
> *Et souvent beaux festins donné,*
> *Dont l'usage est si bien déchu,*
> *Car on y a si prés fauché*
> *Qu'on leur a tout coupé le pied...*
> *Adieu amour, très douce vie,*
> *La plus joyeuse, la plus gaie*
> *Qui puisse être hors paradis !*

Cette forme du *Congé* « variations sur le
thème de l'amour *courtois* » avait été inventé
par un autre artésien Jean Bodel — Jean
Bodel qui, avant de mourir de la lèpre adressa
un adieu poétique de 42 strophes à ses bons
amis d'Arras.

Jean Bodel et Adam de la Halle furent les

auteurs de pièces. — *Le Jeu de Saint Nicolas,
le Jeu de la Feuillée ou le Jeu Adam, le Jeu
de Robin et de Marion* — qui sont, a écrit
M. Gaston Paris « ce que le moyen-âge a laissé
de plus remarquable en fait de poésie drama-
tique. » Et leurs personnages, par une survivance du touchant esprit traditionnaliste des
vieilles provinces françaises, servent encore
de protagonistes dans les « Entretiens »
rimés en patois qui se composent chaque
année à l'occasion de la fête d'Arras.

*
* *

Arras est donc mêlée aux débuts du
Théâtre Comique en France, Cyrano de Ber-
gerac parle d'Arras, et Molière la nomme
dans les *Précieuses Ridicules* ; nous la retrou-
vons dans *Les Misérables* de Victor Hugo.

Et les Rosati ? Ne pourrait-on glaner dans
leurs œuvres de quoi enrichir une anthologie
à la gloire de cette ville ? Les Rosati, auxquels
Verlaine écrivait :

Gens du Nord, mes compatriotes !

Les Rosati, cette société anacréontique à
laquelle M. Victor Barbier consacra une
étude si pleine d'esprit et si substan-
tielle. J'ai là des notes peu à peu accu-
mulées, des phrases de Paul Adam dont je
parlais tout à l'heure, de ce romancier qui

passa sa jeunesse à Arras et qui décrivit souvent dans ses livres non seulement des personnages notoires (qu'on laisserait de côté) mais l'aspect des sites et des rues — même le Café des Allées dans *Chair molle*, son livre de début que lui aussi doit regretter.

Je dis « lui aussi » parce que j'ai également sur la conscience *Les Mascouillat* où je célèbre (?) le Château, l'Estaminet Gratte-panche, l'accueil des orphéons et des musiques locales au retour de concours triomphaux, mais où, dans ma jeunesse trop sensible au ridicule des gestes, je parle irrévérencieusement de coutumes dont le pittoresque savoureux — et respectable — m'échappait.

* *

J'ai là aussi dans mes papiers gardé de cette période où je collectionnais mes documents, un sonnet signé Siméon Glaire, qui était alors le pseudonyme d'un rhétoricien devenu un grave professeur d'anglais et dont le nom de Robert Obry est bien du lieu puisqu'on le trouve porté au XVIᵉ siècle exactement tel, par un curé de la Madeleine d'Arras, auteur d'un curieux poème latin (1). Le sonnet est d'un style beaucoup plus pro-

---

(1) **De admirandâ liberatione urbis atrebatensis** par Robert Obry, curé de la Madeleine. Ms 220 de la Bibliothèque communale, page 49.

fane que celui du religieux, trop profane peut-être, mais il vaut d'être publié pour sa note si caractéristique :

La Ferme

Jadis en Achicourt, pays de la carotte
Où la brise apportait les hoquets du beffroi
Entre l'âne qui brait et le mulet qui rote
J'ai vécu des bonheurs inconnus de mon roi.

Chaque matin, mettant mes oignons dans ma hotte
Je louais le Seigneur qui fait que le blé croît
Et malgré le ciel gris et la boue et la crotte,
Nonobstant les schiedams, vers Arras j'allais droit.

Le marché me versait au cœur une allégresse ;
Et chez Préval, parmi les senteurs de la graisse
J'absorbais hydromel, saucisse et boudin noir.

Je retournais quand au Zénith montait la lune
Et satisfait d'avoir accompli mon devoir,
J'étais plein de fierté le soir avec ma brune.

** * **

Taine dans les *Carnets de Voyage* qu'il écrit de 1863 à 1866, alors que sa mission d'examinateur pour l'admission à St-Cyr l'obligeait à des tournées en province, parle aussi de la Scarpe « cette eau saine qui coule dans le silence. » Il a pour juger les mœurs et le paysage nordiques des notations exactes.

« Pluie le lendemain : Voilà le vrai paysage du Nord, nuages blafards ou fondants, d'un blanc de neige ou d'un noir de suie, qui roulent sur les toits rouges crénelés.

et ailleurs :

« Aptitude à l'association des gens du Nord : Sociétés volontaires, musique, arc, arbalète, etc.

. . . .

Ce sont bien là les Pays-Bas, tout vient de là, moral et physique. Hommes buvant, femmes se donnant sans honte et sans difficulté ».

Taine consacre plusieurs lignes à Douai, mais il n'a vu Arras que de son compartiment de chemin de fer, assez pour en dire un mot aimable :

« Retour de Douai — vers Arras ; à l'horizon, on voit une tour charmante, probablement celle de l'Hôtel de Ville. Je sais qu'il y a dans toutes ces villes flamandes des chefs-d'œuvre d'orfevrerie architecturale comme à Bruges, à Bruxelles. »

Arras qui fut à la peine est aujourd'hui à l'honneur. Et je voudrais prouver que cet honneur, elle le méritait depuis longtemps pour ses splendeurs architecturales et la valeur intellectuelle de son passé. Elle me fait l'effet de ces poètes discrets ou de ces savants reclus dans leur science, qui ne cherchent point la publicité et que tout à coup un hasard parfois tragique révèle à leurs contemporains.

Toutes les rues de la vieille cité virent passer l'Histoire. C'est là que Jeanne d'Arc dormit, là que Robespierre adolescent élevait dans une petite cage des serins dont la mort le fit pleurer, là que coula le sang des victimes de Joseph Lebon. Arras marqua souvent les étapes des drames avant de devenir elle-même le drame.

Drame dont les conséquences sont même, au point de vue littéraire qui nous intéresse ici, plus graves que nous l'aurions cru.

En effet, j'ai reçu l'autre jour la visite d'un autre concitoyen ami, M. Albert Bléry, bibliothécaire de l'Hôtel de ville de Paris, mais chartiste demeuré amoureux des livres où s'inscrit le passé de sa contrée natale. Il me raconta avec émotion les manuscrits perdus, des œuvres d'un prix inestimable noyées sous les décombres, la bibliothèque si riche en volumes précieux presque entièrement disparue et nous avons ensemble déploré la sauvagerie et aussi l'imprévoyance des hommes.

* *
*

Je songe que des études comme celles de Verlaine ne devraient point demeurer perdues dans les pages d'une petite revue, d'ailleurs devenue presque introuvable.

Alors que des iconographes réunissent toutes les images — photographies et dessins — qui rappellent l'Arras d'autrefois, avant la guerre et même... avant le démantèlement, je voudrais que les écrits, qui la dépeignent aussi telle qu'elle fut, soient également conservés avec un soin dévot. La prose de Verlaine est comme un acte de foi, un double geste de piété envers les Eglises qui abritèrent son Dieu, envers Arras qu'il chérissait tendrement. Je ne crois pas, que malgré le projet auquel fait allusion la lettre qu'il m'adressa sa *Vieille ville* ait été recueillie dans un de de ses livres.

A mon sens une société comme l'Académie d'Arras se devrait de prendre l'initiative de la réimprimer en une plaquette heureusement présentée. Cette académie se compose de savants et d'amateurs cultivés, pour la plupart passionnés pour tout ce qui touche à la grandeur de leur ville ; plusieurs en furent ou en sont encore des historiographes, dont les travaux sont des merveilles d'érudition — de cette érudition solide et documentée qui ne se préoccupe point d'être « prête » pour une date de publication, mais d'être exacte pour l'avenir.

Elle aussi ne fait pas beaucoup parler d'elle et pourtant ses mémoires offrent de belles sources de documentation, des matériaux précieux.

M. l'Abbé d'Olivet au XVIII° siècle faisait suivre son nom de ces titres : *membre de l'Académie française et de l'Académie d'Arras.*

** **

Le vœu que je forme sera-t-il exaucé ? J'ose l'espérer.

Il faut, avec ses monuments, rebâtir l'intégrale beauté d'Arras. Par la pierre et par la plume.

Ramassons les fleurs que lui dédia Verlaine et déposons les sur les ruines des églises qu'il adora — comme un bouquet d'immortelles.

ALGER.- TYP. BALS, 7, RUE SADI-CARNOT